La granj

Texto de Stéphanie Ledu
Ilustraciones de Robert Barborini

MOLINO

4

¡Kikirikiiiii! Canta el gallo encaramado en el tejado del **gallinero**. Es muy temprano, pero el granjero y la granjera ya están levantados. ¡A trabajar!

El **tractor** está estacionado
delante del **cobertizo**.

Esta mañana el granjero le engancha
un **remolque** lleno de **estiércol**. Aunque
huele mal, ayuda a que crezcan las plantas.

8

En el **establo** la granjera
ordeña las vacas antes de llevarlas
al prado. La leche se embotellará y
se transformará en mantequilla,
nata y yogures en la **lechería**.

«Pitas, pitas, pitas...»

10

La granjera llama a las aves del **corral** y les echa comida. Todas se lanzan al **grano**. Después, ella recogerá los huevos de las gallinas... ¿Los ves?

El tractor va lentamente
para esparcir el abono
en la tierra.

Unos días más tarde, el granjero **labra** el campo. Los pájaros vienen a posarse sobre él: picotean los gusanos que aparecen en la tierra removida.

13

Finalmente, el granjero vuelve con esta curiosa máquina para **sembrar los granos de maíz.**

En el campo de
al lado crece **trigo**.
Todavía está verde.

En el verano el trigo se volverá
de color amarillo: se recolectará
con la **cosechadora**.

¡Oh, qué bonitas las **balas de heno**! Son los **tallos del trigo** atados con cordel. Los granos, por su lado, serán transformados en harina para hacer pan o pasta.

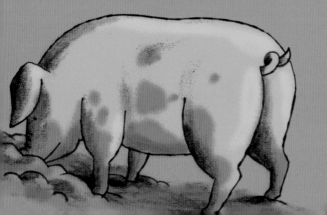

Esta noche en la
porqueriza han nacido
6 **cochinillos** rosados. Dentro de poco
se revolcarán en el barro, como los cerdos
grandes. ¡Así es como se lavan los cerdos!

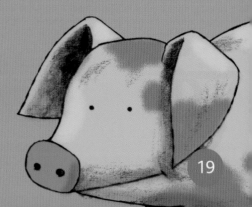

Aquí está el **huerto**: el granjero y la granjera cultivan en él toda clase de verduras. La primavera es la época de las **zanahorias**, los **espárragos**, las **fresas**... ¡Ya están a punto para ser recogidos!

En la **huerta** crecen los árboles frutales.
Las flores blancas de los **manzanos** se
convertirán en bonitas frutas. Las
cerezas ya están casi maduras.

El **espantapájaros** asusta a los pájaros que querrían picotearlas.

Cada semana, la granjera va al **mercado**: allí vende **verduras**, **frutas**, **huevos** y **aves**... Conoce bien a sus clientes y le gusta charlar con ellos un rato.

ZANAHORIAS
1,10 €

ESPINACAS
2 €

LECHUGA
1,20 €

ESPÁRRAGOS
6 €

JUDÍAS VERDES
2,5 €

CEREZAS
3,5 €

PATATAS
0,60 €

BERENJENAS

25

Los granjeros se ayudan entre sí. Hoy se han reunido todos los vecinos para **esquilar** las **ovejas**. La lana servirá para tejer jerséis muy cálidos.

Pero ¿qué son estos pájaros tan grandes? Son **avestruces**, que se crían por su carne.

27

Cuando cae la noche, hay otros animales que asoman la nariz.

Al **zorro** le gustaría comerse una **gallina**, a los **ratones**, roer un poco del trigo que hay en el **granero**. Pero la granja está bien vigilada. ¡Guau, guau!

En la misma colección **Mini REPORT**

Cromañón
Casas del mundo
Los coches

Título original: *La ferme*
Publicado originalmente en el 2006 por Éditions MILAN
© del texto, 2006 Stéphanie Ledu
© de las ilustraciones, 2006 Robert Barborini
© de la traducción, 2007 María Luisa Menéndez

© de esta edición, RBA Libros, S.A.,2008
Pérez Galdós, 36 08012 Barcelona
www.rbalibros.com / rba-libros@rba.es

Primera edición: febrero 2008
Compaginación: Editor Service, S.L.

Referencia: MOPD039
ISBN: 978-84-8966-276-6
Depósito legal: B-6582-2008